お金の使い方で
未来を変えよう！

③

お金について
くわしく知ろう

監修：松葉口玲子

童心社

お金の使い方で未来が変わる！

　わたしたちは毎日、さまざまなものを買って生活しています。身の回りの食べ物や服や家具や家電製品の多くは、買ってきたものですね。

　ものを買うときに必要なのがお金。わたしたち消費者は、どんなふうにお金を使うか、どんな商品を買うかを選ぶことができます。お金の使い方で、自分の生活だけでなく、わたしたちの暮らす社会も変えることができるのです。

　お金の上手な使い方を知って、世の中を、未来を変えていきましょう。

　この巻では、買い物が契約であること、お金の役割や種類、特色について学んでいきます。

この本に出てくるキャラクター

やりくりちゃん

お金のやりくりが得意な不思議な生き物。買い物の仕方やお金の使い方をみんなに教えてくれる。

ふみかちゃん

おしゃれが大好きな小学5年生。おしゃれなものを見ると、つい買いたくなってしまう。

みらいくん

あまいものが大好きな小学5年生。お菓子を買いすぎて、おこづかいは、いつもすぐになくなってしまう。

もくじ

1 | 買い物は契約だ！

1 売買契約ってどういうこと？

買い物は売買契約だといわれます。
いったいどういうことなのでしょうか？

買い物は、法律で守られた約束

わたしたちは日常の中で、いろいろな約束をします。約束のうち、法律によって保護されているものを「契約」といいます。契約をしたら、それを必ず守らなければなりません。

ものを買うのも契約のひとつで、「売買契約」と呼ばれます。売買契約は、買う側の「買います」という意思と、売る側の「売ります」という意思が一致したら成立します。売買契約が成立したあとは、どちらかが一方的にそれを破ることはできません。

売買契約は、紙に書かなくても、口で話しただけで成立するんだクリ。

契約成立

これ、ください！

わかりました。

売買契約が成立したら買う人はお金をはらわなければならない

売買契約が成立したら売る人は品物をわたさなければならない

サービスを買うのも契約

わたしたちはお金をはらって、ものだけではなくサービスも買っています。

サービスは、電車に乗ったり、美容院で髪を切ったり、スマートフォンで通信したりするなど、形のない商品のことです。ものと同じように、サービスを買うことも、契約にあたります。

商品には、食べ物や服のように形のあるものと、形がないサービスの、2種類があるんだクリ。

暮らしの中の契約の例

ハンバーガーショップで
食事をする

電話でピザを注文する

自動販売機で
ジュースを買う

インターネットで
ゲームソフトを買う

ネットショップで契約が成立するのはいつ?

インターネットショッピングでの契約は、買う側が注文したあと、売る側の承諾のメールが買う側に届いた時点で成立します。

注文前の最終確認画面で、数量や、定期購入なのかどうかを、しっかり確認しましょう。最終確認画面がなく、まちがえて注文した場合は取り消せることがあります。

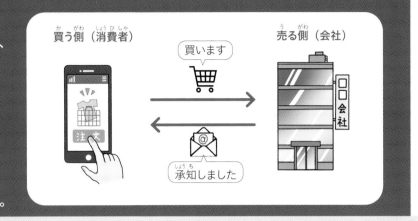

買う側（消費者）　　　　売る側（会社）

買います

承知しました

会社

映画を見る

美容院で髪を切る

DVD をレンタルする

電車に乗る

ガタン ゴトン

商品を返せるのは、どんなとき？

契約が成立したあとでも、取り消して商品を返せる場合があります。
どんなときに返せるのでしょうか？

未成年の人が契約したとき

日本の法律では、18歳の誕生日から成年（大人）になり、自分の意思で契約ができるようになります。

17歳以下は未成年と呼ばれ、保護者の同意がなければ契約できません。未成年者が保護者に無断で契約したときは、取り消すことができます。

でも、右の絵のような場合は、いちど契約したら取り消せません。くれぐれもうそはつかないようにしましょう。

未成年でも契約を取り消せないケース（一部）

契約の金額が、おこづかいの範囲内の場合

500円だし、買っちゃおう！

保護者の許可をもらったと、うそをついた場合

こっそりパパの名前を書いちゃえ！

自分が18歳以上だと、うそをついていた場合

19歳です。

商品の説明などにうそがあったとき

18歳以上の大人が商品を買ったときでも、契約を取り消せる場合があります。

たとえば、商品の説明にうそが書いてあったり、商品がこわれていたりしたときは、商品をお店に返すことができます。

また、おどされて商品を買ったときも、返すことができます。

ほかのお店で、もっといい商品を見つけたから返したいんだけど…。

勝手な理由じゃ、返品できないクリ！

パッケージに書いてある色と実物の色がちがった場合 返品できる

商品をパッケージから出したら、傷があった場合 返品できる

相手におどされて、断れなくて買った場合 返品できる

調べよう 考えよう 商品を交換してくれるのは、なぜだろう？

いちど契約が成立したら、自分の都合で商品を返すことはできません。でも実際には、お店は、返品を受けてくれたり、交換してくれたりすることがあります。

今までに身近な人がお店に商品を返品・交換してもらったことはあったか、それはどんなときだったかを調べてみましょう。また、どうしてお店はそうしてくれたのか、お店の人の立場に立って考えてみましょう。

これを返品したいんですが…。

2 | お金って、どうして価値があるの?

お金には、どんな働きがあるの？

わたしたちは、いろいろなものをお金をはらって買っています。
どうしてお金でものが買えるのでしょうか？

国がつくったお金だから信用される

　多くの人が使っていて、実物を見たり、さわったりできるお金を現金といいます。

　日本では、1000円札などのお札（紙幣）や100円玉などの硬貨が、現金として使われています。これらはみな国がつくっているお金です。

　もし、個人が勝手に新しいお札や硬貨をつくって「これはお金です」とわたしても、お店は信用して商品を売ってはくれないでしょう。商品を買えないなら、お金として使えません。

　現金は、国がつくってお金として使えることを保証したものです。だから日本中で使うことができるのです。

お金には3つの働きがある

　ものを買える、つまり、ものと交換できることは、お金の働きのひとつです。

　ふたつ目の働きは、ものの価値をわかりやすくすることです。「100円」とか「25億円」とか数字で示すことで、商品の価値をはかる「ものさし」の役目を果たしているのです。

　3つ目の働きは、貯められることです。たとえば、みかんを山ほどもっていても、何日もたったらくさって、みかんの価値はゼロになってしまいます。でも、みかんを売ってお金にかえれば、同じだけの価値をずっととっておくことができます。

お金の働き

ものと交換できる

ものの価値をわかりやすくする

貯められる

お札と硬貨って どうちがうの？

お札と硬貨は、どちらもお金として使われています。
どんなところにちがいがあるのでしょうか？

 ## お札は日本銀行が発行している

日本では、10000円、5000円、2000円、1000円の4種類のお札（紙幣）が使われています。

お札をよく見ると、「日本銀行券」という文字が書いてあります。日本銀行によって発行されている券（紙）だからです。

お札は、国立印刷局というところで紙に印刷されて、日本銀行によって全国の銀行に送り出されています。

東京の日本銀行本店の建物。

\ちょこっと/
コラム # 日本銀行って、どんな銀行？

日本銀行は、日本でお札を発行できる、ただひとつの銀行です。

銀行という名前がついていますが、ふつうの人は日本銀行にお金を預けることはできません。

日本銀行は、ほかの多くの銀行のお金を預かっているのです。そのため「銀行の銀行」と呼ばれます。

また、政府のお金の出し入れをしているので、「政府の銀行」とも呼ばれます。

日本銀行のように、その国で中心的な働きをしている銀行を、中央銀行っていうんだよ。

お礼と硬貨の利点と欠点

紙でできているお礼は、軽くてもち運びに便利です。一方、破れたり、よごれたりしやすいという欠点があり、ひんぱんに使うお金には適していません。

そのため、よく使う、少ない額のお金には、1円玉、5円玉、10円玉、50円玉、100円玉、500円玉が使われています。これらは「硬貨」といって、金属でできているので丈夫です。しかし、量が多くなると重く、あつかいがたいへんです。また、同じ種類の硬貨はいちどに20枚までしか使えないと決まっているので、高額のやりとりには向いていません。

硬貨を発行しているのは国

硬貨には、どれも「日本国」という文字がきざまれています。これは、国（政府）が発行するお金という意味です。

硬貨は、造幣局というところでつくられて、国（政府）に引きわたされます。そのあと日本銀行に運ばれて、全国の銀行に送り出されます。

大阪府にある造幣局。

\ちょこっと/
コラム
1万円玉もあるって、ほんとう?

日本でオリンピックが開かれた年や、新幹線が開通した年など、大きなできごとがあったときには、記念硬貨がつくられています。

記念硬貨には、100円や500円の硬貨のほか、通常はない1000円や1万円、10万円の硬貨もあります。高額硬貨の多くは、金や銀などでつくられ、販売価格が額面よりも高くなっています。

表　うら

「東京2020オリンピック競技大会」を記念した1万円硬貨（第3次発行分）。純金製で販売価格は12万2223円。

お金はどのくらいつくられているの？

毎日、日本中で使われているお札と硬貨。
いったい、どのくらいつくられているのでしょうか？

お金にも寿命がある

お札には寿命があります。人から人へわたっていくうちに、いたんでいくからです。使われることの多い1000円札や5000円札の寿命は1〜2年、10000円札の寿命は4〜5年といわれています。

硬貨は、お札よりは長持ちしますが、それでもだんだんすりへってきます。

いたんだお金は回収されて、新しいお札や硬貨がつくられています。

1年間につくられたお金の枚数

種類	つくられた枚数
10000 円札	14 億 6000 万 枚
5000 円札	1 億 5000 万 枚
1000 円札	12 億 9000 万 枚
500 円玉	3 億 247 万 4 千枚
100 円玉	2 億 9327 万 4 千枚
50 円玉	57 万 4 千枚
10 円玉	1 億 2987 万 4 千枚
5 円玉	57 万 4 千枚
1 円玉	57 万 4 千枚

紙幣は 2022 年度、硬貨は 2022 年の数値／
財務省「日本銀行券の製造枚数」、造幣局「年銘別貨幣製造枚数」をもとに作成

お金の量はコントロールされている

もっとたくさんお金をつくれば、みんなが豊かになるように思えます。でも、たくさんのお金が手元にあると、みんながものを買いたくなって、商品が足りなくなり、ものの値段は高くなってしまいます。反対にお金の量が足りないと、商品が余って値段が安くなります。

極端に値段が上がり続けたり下がり続けたりしないよう、世の中に出回るお金の量は、日本銀行によってコントロールされているのです。

出回るお金が増えすぎると、商品が値上がりしてしまう

100 円で買えたパンが……、　　　200 円になってしまうことも。

お札をコピーしたら いけないの？

お金をコピーすると、犯罪になります。
どうして罪になるのでしょうか？

 ## 世の中を混乱させる、にせのお金

本物そっくりのものを勝手につくること
を偽造といいます。お札や硬貨を偽造した
り、偽造されたお金を使ったりすると、懲役
刑（刑務所に入れ、決められた作業をさせる
刑罰）が科される重い罪になります。

にせのお金が出回ると、みんながお金を信
用できなくなって、世の中が混乱してしまう
からです。

硬貨をわざと傷つけたり、形を変えたりす
ることも罪になります。

偽造された10000円札の発見枚数

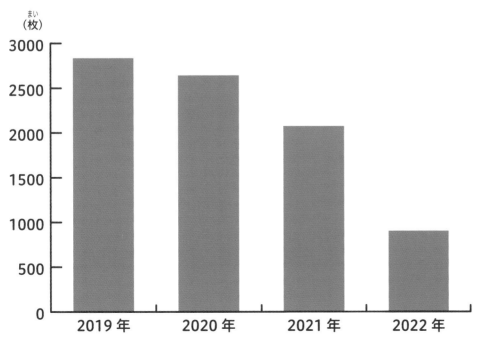

（枚）

	2019年	2020年	2021年	2022年
	約2850	約2650	約2080	約900

警察庁「偽造通貨の発見枚数」より

にせ札は、10000円札
がダントツで多いんだ
クリ。もし、あやしい
お札や硬貨を見つけた
ら、警察に報告しよう。

お礼のデザインが変わるのはどうして？

4

お札や硬貨のデザインは、たびたび変えられてきました。
どうして新しいお札や硬貨をつくる必要があるのでしょうか？

お札が新しくなるのは、偽造を防ぐため

2024年夏、新しいお札が登場します。

お札は、およそ20年ごとに、デザインが新しくなります。これは、にせ札をつくれないようにするためです。新しいお札には、偽造防止のための最新技術が使われています。

新しい1000円札には、日本の近代医学の父と呼ばれる北里柴三郎が描かれている。

新しい5000円札には、女子の教育に力をつくした津田梅子が描かれている。

新10000円札の偽造防止技術

新しい10000円札には、日本の近代経済の父と呼ばれる実業家・渋沢栄一が描かれている。

かたむけると、見え方が変わる。

インクが盛り上がっていて、さわるとざらざらしている。

コピー機で再現できない小さな文字で「NIPPONGINKO」と印刷されている。

像などがすけて見える。

かたむけると、ピンクの光沢が見える。

かたむけると、文字がうかび上がる。

写真の「見本」「//」「SPECIMEN」は見本であることを示すもので実際のお札には印刷されていません。

16

お札が破れていたら、どうする？

お札が破れたり、燃えたりしてしまっても、全体の5分の2以上が残っていたら、日本銀行で交換してもらえます。

また、硬貨が万が一とけてしまっても、模様などが見分けられれば、日本銀行で交換してもらえることがあります。

日本銀行の本店や各地にある支店、近くの銀行に連絡してみましょう。

残っているのが全体の3分の2以上なら、全額交換してもらえる。

残っているのが全体の5分の2以上～3分の2未満なら、半額交換してもらえる。

残っているのが全体の5分の2未満だと、交換してもらえない。

500円玉の偽造防止技術

2021年に500円玉も新しくなりました。この500円玉は3種類の金属を組み合わせてつくられていて、偽造を防ぐための最新の技術が使われています。

「0」の中に小さな文字があって、かたむけると見え方が変わる。

上から見ると「JAPAN」の文字が見える。

下から見ると「500YEN」の文字が見える。

うら側

表側

表側の上下には「JAPAN」、左右には「500YEN」というとても小さな文字がきざまれている。

500円玉の周囲のギザギザのうちの一部が、台形のような形になっている。偽造するのがむずかしい高度な技術。

3 | 見えないお金ってどんなもの?

キャッシュレス決済って
何だろう？

よく耳にする「キャッシュレス」や「キャッシュレス決済」という言葉。
いったいどういう意味なのでしょうか？

現金を使わずに
お金をはらう

最近では、お店で商品を買うときや、電車に乗るときに、現金ではなくカードなどでお金をはらう人が増えてきました。

このように、現金を使わないでお金をはらうことを、キャッシュレス決済といいます。キャッシュレスは英語で、< cash ＝現金、less ＝ない >、つまり現金不要という意味です。

やりとりされる
「見えないお金」

キャッシュレス決済では、お金の情報を電子化してやりとりしています。

自分がいくら使ったのか、手元にいくら残っているのかを、お札や硬貨という「もの」として確かめることができないため、「見えないお金」とも呼ばれます。

この「見えないお金」によるやりとりは、年々増加しています。

おもな国のキャッシュレス決済の割合

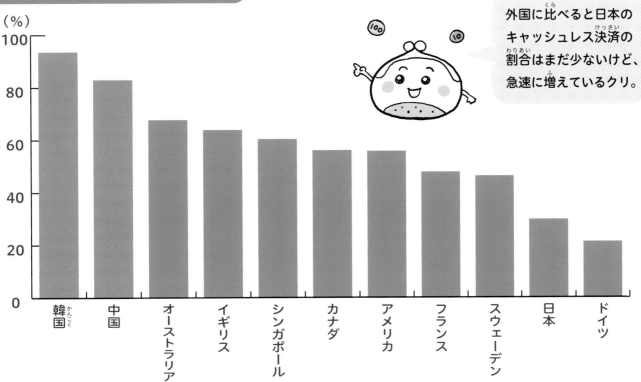

外国に比べると日本のキャッシュレス決済の割合はまだ少ないけど、急速に増えているクリ。

※韓国と中国は参考値（計算方法が異なるため）　　2020年／キャッシュレス推進協議会「キャッシュレス・ロードマップ2022」より

2 キャッシュレス決済には どんな種類があるの？

どんどん種類が増えているキャッシュレス決済。
どんなものがあるのでしょうか？

お金をはらう時期によるちがい

キャッシュレス決済では、現金がなくても買い物ができます。でも、だからといって、ただで商品を買えるわけではありません。お金は別にはらう必要があります。

お金をはらう時期によって、キャッシュレス決済は大きく3つに分けることができます。先にはらっておく前払い式、買い物と同時にはらう即時払い式、あとからはらう後払い式です。

どの種類でも、結局、お金をはらうのは同じなのか…。

考えてみたら、そりゃそうか。

支払い時期で分けたキャッシュレス決済の種類

お金をはらう時期	特 徴	キャッシュレス決済の種類
前払い式	あらかじめ、金額分のカードや券を買っておいたり、手元のカードやアプリに入金（チャージ）しておいて、その金額の中から買い物をする。買ったりチャージした金額以上は使えない。	・図書カードや商品券 ・交通系や流通系の IC カード ・前払い式のコード決済 など
即時払い式	買い物をすると、すぐに銀行口座からお金が支払われる。銀行口座はあらかじめ登録しておく。口座に入っている金額以上は使えない。	・デビットカード ・即時払い式のコード決済 など
後払い式	買い物をすると、クレジットカード会社などが立て替えて、代金をお店にはらう。あとから、クレジットカード会社などから、請求が来て支払う。気をつけないと、自分がはらえる額よりも使い過ぎてしまうことがある。	・クレジットカード ・クレジットカードで支払うコード決済 ・携帯電話の料金と合わせて支払うキャリア決済 など

前払い式のプリペイドカード・商品券

　プリペイドカードや商品券には、それぞれ金額が設定されています。利用する人は、前もってその金額をはらってカードや券を買い、その金額の分だけ買い物をすることができます。贈り物としてもよく利用されます。

　現金とちがって、使えるお店や用途が限られているので、確かめてから、利用するようにしましょう。

図書カードなどは、金額が足りない場合、現金と合わせて支払うこともできる。

前払い式のカードや商品券の例

セザンヌ「リンゴとオレンジ」

図書カード　全国の本屋さんで利用することができる。1000円、2000円、3000円など、いろいろな金額のカードがある。

こども商品券　子ども服、ベビー服、おもちゃを買うときや、レジャー施設に入場するときなどに使える。有効期限や使えるお店を確かめてから使うようにしよう。

© Nintendo

ギフトカード・商品券　特定のお店で使えるものもあるが、写真のJCBギフトカードのように、全国のさまざまなお店で使うことができるものもある。

ゲーム用のプリペイドカード　ゲーム会社のオンラインショップで、ダウンロード版のゲームソフトなどを購入するときに利用できる。カードの番号を入力することで、買ったカードの分の金額が入金される。写真は任天堂のもの。

チャージしてくり返し使える IC カード

あらかじめお金を入金（チャージ）しておいて、その金額の分だけお金を使える IC カードです。

鉄道会社などが発行する「交通系 IC カード」は、もともと運賃の支払いをスムーズにするためにつくられましたが、現在ではさまざまなお店で商品を買うのに使うことができます。

スーパーやコンビニなどの流通系の会社が発行する「流通系 IC カード」もあり、系列店で買い物をするとポイントが多く貯まったりします。

どちらの IC カードも、チャージしたお金を使い終わっても、またチャージすれば、同じカードをくり返し使うことができます。

交通系 IC カードや、流通系 IC カードは、お金を電子化しているので、「電子マネー」とも呼ばれるんだクリ。

交通系 IC カード　全国の鉄道やバスの会社などが発行している。写真は JR 東日本が発行している「Suica」。

※ Suica は東日本旅客鉄道株式会社の登録商標です。

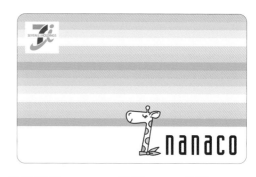

流通系 IC カード　系列のお店以外でも使えることが多い。写真はセブン＆アイグループのセブン・カードサービスが発行している「nanaco」。

 # スマホの専用アプリではらうコード決済

スマートフォンに専用アプリをダウンロードして、お金をはらう方法もあります。

お店で会計をするときに、お客側かお店側が、QR コードやバーコードを読み取ることで、お金が支払われます。このような支払い方法は、「コード決済」と呼ばれます。

コード決済には、先にお金をチャージしておく前払い式や、登録した銀行口座からはらわれる即時払い式、クレジットカードや携帯電話の料金といっしょにはらう後払い式など、アプリを提供する会社によって、いろいろな種類があります。

QR コード決済ではらいます。

ピッ

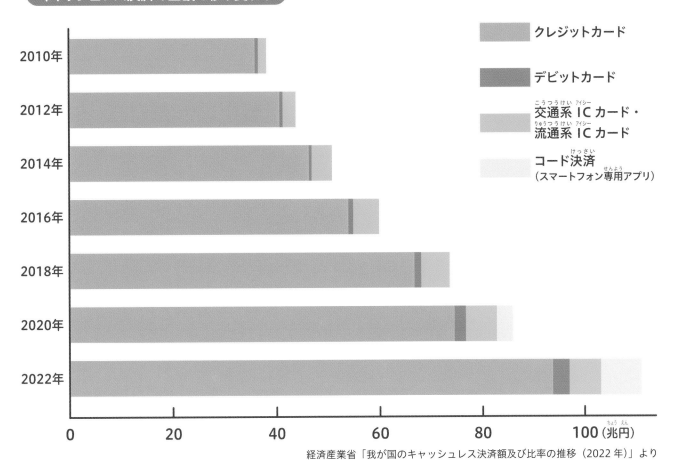

キャッシュレス決済の金額の移り変わり

凡例：
- クレジットカード
- デビットカード
- 交通系 IC カード・流通系 IC カード
- コード決済（スマートフォン専用アプリ）

縦軸（年）：2010年、2012年、2014年、2016年、2018年、2020年、2022年

横軸：0　20　40　60　80　100（兆円）

経済産業省「我が国のキャッシュレス決済額及び比率の推移（2022年）」より

買うと同時にお金をはらうデビットカード

デビットカードは、買い物をすると自分の銀行口座からすぐにお店にお金がはらわれるカードです。銀行のキャッシュカードをそのまま利用する場合と、別にカードをつくる場合があります。つくる場合は、支払いをする銀行の口座を登録しておきます。

どちらの場合も、商品を買うと、すぐに銀行口座からお金が支払われます。

デビットカードは、銀行口座に入っている金額より高いものを買うことはできません。また、カードをつくる場合は、15 ～ 16 歳以上でないとつくれないものがほとんどです。

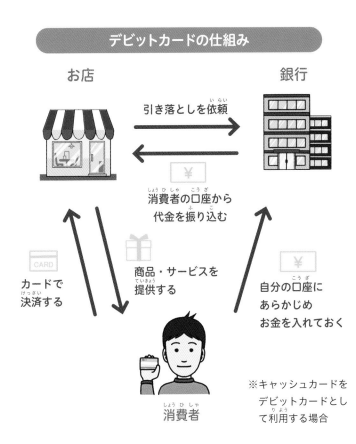

デビットカードの仕組み

お店　　　　　　　　　　銀行

引き落としを依頼 →

消費者の口座から代金を振り込む

商品・サービスを提供する

カードで決済する

自分の口座にあらかじめお金を入れておく

消費者

※キャッシュカードをデビットカードとして利用する場合

あとからお金をはらうクレジットカード

買い物の支払いにクレジットカードを使うと、クレジットカード会社がかわりにその代金をはらってくれます。そして利用者は、あとから、毎月決められた日に、その月に利用した金額をまとめてクレジットカード会社に支払います。

クレジットカードは、そのときお金がなくても買い物ができます。それは、カード会社が一時的にお金を立て替えてくれているだけで、あとから必ずはらわなければいけません。きちんと考えて使わないと、お金をはらえなくなってしまいます。そのため、クレジットカードは、18歳以上で、審査を通った人しかつくることができません。

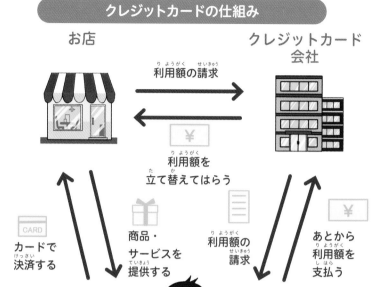

クレジットカードの仕組み

お店 → 利用額の請求 → クレジットカード会社

利用額を立て替えてはらう

カードで決済する

商品・サービスを提供する

利用額の請求

あとから利用額を支払う

消費者

お金がなくても買い物ができるなんて、すっごい便利!

ちゃんとはらえるか心配～。

「クレジット」は信用という意味だクリ。必ず返さないといけないから、よく考えて使わないといけないんだクリン!

 \ちょこっと/ **コラム**

「分割払い」「リボ払い」は利息がかかる

クレジットカードで高い商品を買って、カード会社に1度に支払うことがむずかしいときには、分割払いやリボ払い（リボルビング払い）という方法を選択することができます。

分割払いは、返す回数を決めて、商品の代金をその回数に分けて返していきます。

リボ払いは、毎月返す金額を決めて、利用した金額を返していきます。

どちらも借金と同じなので、手数料（利息）がかかります。とくにリボ払いは返済期間が長くなるほど利息が増え、支払う額が増えていくので、利用は慎重にする必要があります。

3万円の商品を買ったとき	分割払い 商品の金額を3回に分けて返す場合			リボ払い 毎月5000円ずつ返す場合、返済まで6か月かかる。借りている期間が長引くほど、利息は増える。					
	1か月後	2か月後	3か月後	1か月後	2か月後	3か月後	4か月後	5か月後	6か月後
	1万円 +利息	1万円 +利息	1万円 +利息	5千円 +利息	5千円 +利息	5千円 +利息	5千円 +利息	5千円 +利息	5千円 +利息

3 キャッシュレス決済の よいところと注意するところは？

キャッシュレス決済は、現金と比べて、
どんな利点や注意点があるのでしょうか。

 ## 素早くお金をはらえる

キャッシュレス決済を利用すると、お財布をもち歩かなくてすむので、買い物のときの荷物を減らせます。

また、カバンからお財布を出したり、お財布の中からお札や硬貨を探したりすることがなくなり、素早くお金をはらうことができます。おつりもないので、確認する手間を省けます。

ポイントをもらえる

キャッシュレス決済を利用すると、ポイントをもらえたり、割引になることがあります。ポイントは買い物のときにお金のかわりに使えたり、特典と交換できたりします。

そのため、現金で買うよりも、得をすることがあります。

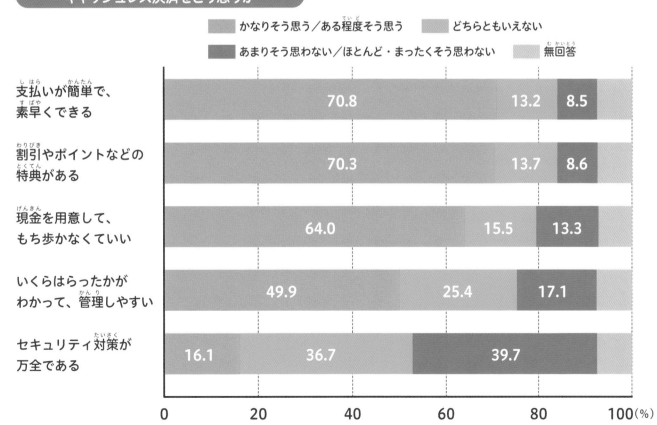

キャッシュレス決済をどう思うか

凡例:
- かなりそう思う／ある程度そう思う
- どちらともいえない
- あまりそう思わない／ほとんど・まったくそう思わない
- 無回答

項目	かなりそう思う／ある程度そう思う	どちらともいえない	あまりそう思わない／ほとんど・まったくそう思わない
支払いが簡単で、素早くできる	70.8	13.2	8.5
割引やポイントなどの特典がある	70.3	13.7	8.6
現金を用意して、もち歩かなくていい	64.0	15.5	13.3
いくらはらったかがわかって、管理しやすい	49.9	25.4	17.1
セキュリティ対策が万全である	16.1	36.7	39.7

2020年／消費者庁「令和2年度消費者意識基本調査」より回答項目を一部抜粋

お金を使いすぎてしまうことがある

　キャッシュレス決済で買い物をしていると、自分がいくら使ったか、あといくら残っているかがわからなくなることがあります。そのため、お金を使いすぎてしまうことが少なくありません。後払いではとくに注意が必要です。

　買い物のあとには、レシートやアプリの利用履歴（利用の記録）などを見て、自分がいくら使ったのかを確認するようにしましょう。

なくすと、不正に利用されることも

　キャッシュレス決済ができるカードやスマートフォンをなくした場合、それを悪い人に拾われると不正に使われて、被害にあうことがあります。カードやスマートフォンをなくさなくても、登録した情報をぬすまれて利用されることがあります。

　キャッシュレス決済可能なカードやスマートフォンはなくしたり、人に貸したりしないようにしましょう。

使えないお店もある

　現金とはちがって、キャッシュレス決済はどこでも使えるわけではありません。キャッシュレス決済の種類によって、使えるお店と使えないお店があります。どのお店で使えるかを先に調べておく必要があります。

　また、災害などで停電が発生したときや、機械や設備が故障したときにも、キャッシュレス決済ができなくなることがあります。そのようなときに備えて、現金ももっていたほうが安心です。

停電なので、スマホでの決済ができません…。

こんなとき、現金があれば…。

フィッシング詐欺って何だろう？

　実際にある会社や銀行などのふりをしてメールを送り、カード番号やパスワードなどの情報を入力させてぬすみとる犯罪をフィッシング詐欺といいます。

　入力しないとたいへんなことになると思わせる内容ですが、入力すると、情報をぬすまれて、高額の買い物をされたりして、大きな被害が出ることがあります。

　メールにはなじみのない人も多いと思いますが、個人情報を入力させる画面になったら、入力する前に、またもし入力してしまった場合も、大人に相談するようにしましょう。

フィッシング詐欺のメールの例

不正ログインが確認されたため、お客様の会員番号を停止しました。引き続き利用される場合は、パスワードを変更してください。

古いパスワード
[　　　　　　　　　　　]

新しいパスワード
[　　　　　　　　　　　]

ネットなどの通販では
どうやってお金をはらうの？

＼もっと／
知りたい！

ネットなどの通信販売では、お店のようなレジでの支払いがありません。
通信販売でお金をはらうにはどんな方法があるでしょうか。

コード決済やカードではらう

多くの通信販売では、コード決済や、クレジットカードなどでお金をはらうことができます。

コンビニではらう

コンビニではらう方法もあります。前払いと後払いがあります。客は、郵送されてくる振込票をコンビニのレジで見せたり、発行された番号を端末に入力したりして、支払います。

ATMではらう

銀行やコンビニなどに置かれているATM（現金自動預け払い機）で、前払いではらう方法もあります。直接その会社の銀行口座にお金を振り込む方法と、会社と銀行などをつなぐペイジーという仕組みを利用する方法があります。

荷物を届けた人にはらう

商品を家に届けてくれる配送会社の人にお金をはらう方法もあり、代金引換（代引）と呼ばれています。引き換えに商品を受けとることができます。これは即時払いにあたります。

手数料がかかる場合もあるクリ。

通信販売の会社やお店によって、お金のはらい方はちがうから、買い物をする前にきちんと調べておこう。

ポイントが貯まるのは、なぜ？

「買い物をするとポイントが貯まる」という話はよく聞きます。
なぜそんな仕組みがあるのでしょうか？

買い物をすると ポイントをもらえる仕組み

買い物などをすると、ポイントをもらえるサービスをポイントサービスといいます。

最近では、お店だけでなく、インターネットなどの通信販売の会社やキャッシュレス決済を提供している会社など、さまざまなところでこのシステムを取り入れています。

ポイントを貯めると、お金のかわりに使えたり、特別なサービスや商品を受けとれることもあって、多くの人が利用しています。

ポイントサービスを取り入れるお店

- ●お客さんがくり返しお店に来るようになる。
- ●商品を値下げしなくても、得な印象をあたえられる。
- ●お客さんの情報を得ることができる。

ポイントを集めるお客さん

- ●ポイントを使って、商品をお得に買うことができる。
- ●特別なサービスを受けることができる。
- ●ポイントを集めることを楽しめる。

お店がポイントサービスを 取り入れる理由

お店や会社がポイントサービスを取り入れるのは、お客さんをたくさん集めるためです。ポイントを貯めたいお客さんは、何度もそのお店やその決済方法を利用するようになるので、お店や会社の経営も安定しやすくなります。

また、商品を値下げすると、お店のもうけは減ってしまいますが、値下げしなくても、かわりにポイントをあげるようにすると、お客さんに得した印象をもってもらえて、売り上げをのばすことができます。

さらにお客さんが会員として登録するようなケースでは、お客さんの年齢や性別などによって、どの商品が選ばれるのかなどがわかり、お店をもっとよくしていくための手がかりを得ることができます。

お店は、ポイントサービスを取り入れても、損をしないように考えているんだクリ。

お客さんがポイントサービスを利用する理由

お客さんにとっても、もちろんメリットがあります。もらったポイントを次の買い物のとき利用したり、ポイントが貯まると特典を受けたりすることができるからです。

ポイントサービスは、単独のお店でやっているものだけでなく、いくつものお店や会社が協力して、同じポイントを貯められるものも多いので、上手に利用すれば、お金をたくさん節約することができます。

ポイントが貯まっていくと、なんだかうれしくて、ついがんばって集めちゃうんだよね。

ポイントの貯め方としてあてはまるのはどれですか?

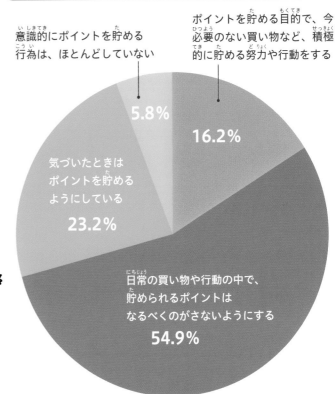

意識的にポイントを貯める行為は、ほとんどしていない
5.8%

ポイントを貯める目的で、今必要のない買い物など、積極的に貯める努力や行動をする
16.2%

気づいたときはポイントを貯めるようにしている
23.2%

日常の買い物や行動の中で、貯められるポイントはなるべくのがさないようにする
54.9%

2023年／ジー・プラン株式会社「ポイントサービスに関する市場調査」より

ポイントを集めるときは、どんなことに注意する?

ポイントを集めていると、それに夢中になってしまって、必要以上に買い物をしてしまうことがあります。いらないものまで買って、結局それを使わなければ、お金も商品もむだになってしまいます。

ポイントサービスを利用するときも、ほんとうに必要なものなのかどうかを考えてから、買い物をすることが大切です。

また、登録した個人情報がぬすまれると、不正に利用されることがあります。信頼できるお店や会社なのかを確かめてから登録しましょう。また、カードや、アプリを入れたスマートフォンをなくさないようにしましょう。

あと1個買うと、ポイントがついて安くなるんだよ!

おお、いいね!

ポイントを貯めるために余分なものを買うのはよくないクリ。

早く決めてくれないかなあ。

4 まちを元気にする地域通貨

商店街

すみません、これください。

支払いはやりくりマネーでお願いします。

やりくりマネー？何それ？

このまちの人が使えるお金なんだクリ。

へえ。どうやったらもらえるの？

やりくりマネーは地域の人を助けたりボランティアに参加したりするともらえるんですよ。

じゃあわたしもボランティアに参加してみようかな〜。

やってみる〜！

地域通貨って どんなもの？

日本のいろいろなところで使われている地域通貨。
いったいどんなものなのでしょうか？

その地域だけで 使えるお金

地域通貨は、市町村や商店街、会社などがつくっているお金です。100円玉や1000円札は日本のどこでも使えますが、地域通貨はほかの地域で使うことはできません。

何に使えるか、どうしたらもらえるかは、地域通貨によってそれぞれちがいますが、どれも地域を元気にし、地域に住む人たちの結びつきを強くするために、さまざまな工夫がされています。

地域通貨も キャッシュレスに

地域通貨のお金の単位は、「円」ではなく、地域の人に親しみやすいものが使われています。

また、地域通貨の形は、お札や商品券のようなものだったり、カードだったり、さまざまなものがつくられてきましたが、最近では、キャッシュレス決済を利用する人が増えてきていることから、アプリ形式のものも見られるようになりました。これらは「デジタル地域通貨」と呼ばれます。

地域通貨の使い方の例

買い物をする

特産品などと交換する

公共料金などをはらう

地域通貨を手に入れる方法の例

ボランティアに
参加する

近所の人の子育てなどを手伝う

ママ、
お帰り〜。

健康に役立つ活動をする

※使い方も手に入れる方法も、地域通貨によってちがいます。

2 地域通貨には、どんないいことがあるの？

市町村などが地域通貨を取り入れるのには、理由があります。
地域通貨には、どんな効果があるのでしょうか？

地域の産業を元気にする

地域通貨は使える地域が決まっていて、それより外では使うことができません。そのため、地域通貨をもっている人は、地元のお店で買い物をするようになります。

その結果、商品をつくっている会社や農家、売っているお店などの売り上げがのびて、地域の産業が元気になります。

お金を貯めないで、使うようになる

現金は貯めることができるので、みんなが貯めて使わないようになると、お店や会社の売り上げが減り、世の中のお金が回らなくなります。

でも、地域通貨には有効期限があるので、もっている人は貯めないで、期限内に使おうとします。その結果、地域のお店や会社などに、いつもお金が回ることになります。

人と人をつなぐ役目を果たす

地域通貨には、ボランティアに参加したり、だれかの手助けをしたりするともらえるものが少なくありません。地域通貨を使って、草むしりや家事などをたのめる仕組みを取り入れているところもあります。

また、不要になったものをゆずりあったり、食品ロスを減らしたりするために使える地域通貨や、地域通貨の専用アプリを通じて、地域の情報を提供しているケースもあります。

このように地域通貨を通じて、人々が助け合いやすい環境を整え、住みやすいまちをつくる働きもあります。

人の役に立てて、地域通貨ももらえるなんていいね！

地域の人と仲良くなれそう！

特色ある地域通貨の例

さるぼぼコイン
（岐阜県高山市・飛騨市・白川村）
お金の単位：コイン

岐阜県 高山市・
飛騨市・白川村

さるぼぼコインは、岐阜県高山市・飛騨市・白川村で使われているアプリ形式の地域通貨です。

ふだんの買い物はもちろん、さるぼぼコインを使わないと買えない商品やサービスなども用意されています。また、市町村の税金や水道料金などもさるぼぼコインではらうことができます。

さらに、専用アプリでは、防災情報やクマの出現情報なども提供していて、地域の人々の暮らしにも役立てられています。

専用のチャージ機などで、いつでもチャージすることができる。

ネギー（negi）
（埼玉県深谷市）
お金の単位：ネギー

埼玉県
深谷市

ネギーは、ねぎの生産で有名な埼玉県深谷市で使われている地域通貨で、カードとアプリがあります。

地域の消費活動を活発にさせるだけでなく、地域の課題を解決するためにも役立てられています。たとえば、税金を納める方法を銀行の口座振替に変更したりすると、ネギーをもらえます。

また、観光で多くの人に市内をめぐってもらうためのスタンプラリーなどでも、ネギーが活用されています。

深谷市地域通貨ネギー
CD 15
見本
チャージ対応
会員コード
12345678
negi
ネギー

カードタイプのネギー。イメージキャラクターふっかちゃんと、深谷市の偉人・渋沢栄一がえがかれている。

マイデジ
（香川県高松市周辺）
お金の単位：ポイント

香川県
高松市

マイデジは、香川県高松市を中心に使われているアプリ形式の地域通貨です。地域の魅力を高めて、そこに住む人々をつなぐことで、ふるさとを元気にしていくための取り組みで、地域の人々には、買い物のときに便利な「お財布アプリ」として利用されています。

商店街のそうじなどの地域活動に参加するとポイントがもらえて、貯まったポイントを電車に乗れるポイントに交換したり、福祉サービスなどに寄付したりすることができます。

マイデジの専用アプリ。貯まったポイントなどが一目でわかるようになっている。

地域通貨について話を聞いてみよう

地域通貨には、どのような願いがこめられているのでしょうか？
神奈川県鎌倉市で地域通貨を運営する会社の梶さんに話を聞いてみましょう。

つながりをつくる地域通貨「クルッポ」

──鎌倉市の地域通貨は「クルッポ」という名前だそうですね。どうしてこの名前がつけられたのですか？

梶：鎌倉市には鶴岡八幡宮という有名な神社がありまして、そのシンボルがハトなんです。ハトは鎌倉の人々に昔から親しまれている鳥なので、その鳴き声からクルッポとつけました。

──クルッポを使うには、どうすればよいのですか？

梶：「まちのコイン」というアプリをダウンロードすれば、だれでも無料で使うことができます。

──クルッポは、どのように使われているのですか？

梶：地域通貨には、ふつうの買い物に使えるものも多いですが、「クルッポ」は通常の買い物には使えません。でも、特別なことに使えます。

クルッポのキャッチコピーは、「いいつながりから、いいくにつくろう」なんです。この言葉どおりクルッポも、地域や人とかかわる体験を通してやりとりされています。

クルッポの専用アプリの画面。

お話を聞いた人

面白法人カヤック　広報部部長
梶　陽子さん

広告の制作やゲームの開発など、さまざまな事業を行うカヤックで、地域通貨などについて知らせる広報の仕事を担当している。

お寺の住職に、ふだん自分が思っていることなどを自由に話して聞いてもらえる。

人力車で鎌倉の観光地を案内する、えびす屋の車夫さん。人力車の料金は円ではらうが、クルッポを使うと特別な観光情報を教えてもらえる。また、まちをきれいにするために、観光客からごみを受け取って処分する活動も行っている。

人とつながる体験で、使ったりもらったりできる‼

―――たとえばどんな体験に使えますか？

梶：クルッポを使えば、お寺の住職（おぼうさん）に自分の話を聞いてもらったり、鎌倉を案内している人力車の車夫さん（人力車をひく人）から、とっておきのおすすめスポットを聞いたりすることができます。

　ほかにもいろんな体験があります。クルッポで、ふだんはできない特別な体験をしてほしいと思っているんです。

―――クルッポをもらうには、どうすればいいのですか？

梶：たとえばレストランで食事をしたあと、お店の人に料理の感想を伝えると、クルッポをもらえます。ふだんからよく行くお店でなければ、お店の人に感想を言うのは少し勇気がいりますよね。でも、クルッポをもらえるというきっかけがあれば、お店の人とも話しやすいと思うんです。

　出された料理を残さずに食べ切ったときもクルッポをもらえます。食べ残しがなくなると、フードロス（食べられるのに捨てられてしまう食品）が減って、お店にとっても地域にとっても助けに

なりますからね。

―――クルッポは、人々のつながりを生み出すだけでなく、地域のフードロスを減らすのにも役立っているんですね。

梶：鎌倉市では、食べものをはじめ、ごみを減らすことが課題になっています。だから、海岸をきれいにするビーチクリーンやまちのごみ拾いなどに参加しても、クルッポをもらえるようになっているんですよ。

海岸をきれいにするビーチクリーンの活動に参加すると、クルッポをもらうことができる。

家庭でいらなくなったものをもちよった「まちのもったいないマーケット」。欲しいものがあったときは、クルッポで手に入れることができる。

ごみを減らし、資源を活かすためにも役立つ

――クルッポはほかにどんなことに使えますか。

梶：「まちのもったいないマーケット」というところでも使えます。ここでは、家で不要になったものをもちこんでもらい、気に入ったものがあったら、クルッポと交換することで、それをもらうことができます。

　それから、お店で賞味期限になった食品や、農家で形が悪いために売れなかった作物を引きとって、クルッポで安くゆずるという仕組みもつくっています。

――クルッポを使うことが、地域のごみ問題の解決につながっているんですね！

梶：大切な資源をごみとして捨てないで、有効に活用していく社会を「循環型社会」といいます。「みんなで循環型社会にしましょう」といわれても、ちょっととまどってしまいますが、「クルッポを使えばいいんだ！」と思えば行動しやすくなりますよね。

　わたしたちはクルッポを「コミュニティ通貨」と呼んでいます。コミュニティは地域社会のことです。クルッポが、地域社会のきずなを強めて、地域社会を豊かにする道具になってほしいという願いからです。

――鎌倉市に住んでいない人でも、使えるのですか？

梶：使えます。わたしたちは鎌倉に住んでいない人たちにも、鎌倉の魅力を知って、好きになってほしいと思っているんです。そういう人たちが鎌倉を何度も訪れてくれれば地域は活性化しますし、いつか鎌倉に住みたいと思ってくれるかもしれませんよね。

鎌倉にある50のお店が週替わりで、鎌倉で働く人のために食事をふるまう「まちの社員食堂」。ここでは、お店や農家などで売れなくなった食品を、クルッポと交換でゆずってもらえる。

地域とかかわるためのきっかけ!!

——梶さんたちの会社は、ほかのまちでも地域通貨を提供しているんですよね。

梶：はい。わたしたちは「まちのコイン」という地域通貨アプリをつくっていて、全国のいろいろな地域に提供しています。

　どの地域通貨も、その地域の特色や強みを活かすように、また、それを多くの人が共有できるようになっているんです。

——共有するというのはどういうことですか。

梶：「まちのコイン」が提供している地域通貨どうしを、交換することができるんです。

　たとえば、沖縄県石垣市では「まーる」という地域通貨が使われていますが、鎌倉市のクルッポを石垣市のまーると交換して、パイナップル畑で収穫をしたり、水牛を洗ったりする体験ができるんですよ。

　大阪府八尾市では「やおやお」という地域通貨が使われていて、地域の工場でつくられた歯ブラシをもらえたりします。町工場が多いところなので、工場と地域の人々とのかかわりを増やす工夫をしているんです。

——クルッポには、有効期限はあるのですか？

梶：有効期限は 90 日です。だから、みなさんできるだけ早く使おうとしてくださいますが、中には使いきれない人もいますよね。そんな人たちのために、定期的に抽選会などもやっています。1口 300 クルッポで、お肉などが当たるんです。

コイン	地域	コイン	地域
てご	智頭（鳥取県）	キッタ	シモキタ（東京都）
もちん	新庄村（岡山県）	どっつ	多度津（香川県）
ぴよ	日吉（神奈川県）	アキコ	秋葉原（東京都）
まーる	石垣島（沖縄県）	やおやお	八尾（大阪府）
アユモ	厚木（神奈川県）	どぉも	小諸（長野県）
もん	上田（長野県）	ハチポ	渋谷区（東京都）
イケコ	池袋（東京都）	すもー	相模原（神奈川県）
めたる	燕三条（新潟県）	ロマン	八女（福岡県）
おだちん	小田原（神奈川県）	クルッポ	鎌倉（神奈川県）
ぼっちり	高知市（高知県）	ビワコ	滋賀県

「まちのコイン」が提供している地域通貨

※ 2024 年 2 月現在

——クルッポは、円と交換できますか？

梶：円とは交換できません。わたしたちはクルッポを、ふつうのお金とはちがって、地域とかかわったり、地域の人とつながったりするために使われるものにしたいと考えています。

　クルッポがたくさんやりとりされるということは、人々が地域の自然や文化とかかわったり、人とつながったり、いっしょに何かをする機会が増えるということです。つまり、それが地域が豊かになることだと思うんです。

　地域通貨をきっかけに、みんなが幸せに、豊かに暮らせるようになればいいなと願っています。

水牛を洗う体験。クルッポを沖縄県石垣市のまーるに交換して体験することができる。

さくいん

監修　松葉口 玲子（まつばぐち れいこ）

横浜国立大学教育学部教授。専門は消費者教育、環境教育、ESD（持続可能な開発のための教育）。持続可能な社会の構築に向けた消費者教育やESD、環境教育の研究に取り組む。著書に『持続可能な社会のための消費者教育―環境・消費・ジェンダー』（近代文藝社）、『SDGs時代の教育』（学文社／共著）、監修書に『地球ときみをつなぐ SDGsのお話』『SDGsおはなし絵本 やさしくわかる１７の目標』（Gakken）など多数ある。

表紙・本文イラスト	：ふわ こういちろう
説明イラスト	：はやみ かな（303BOOKS）
装丁・本文デザイン	：倉科明敏（T.デザイン室）
編集制作	：常松心平、飯沼基子、古川貴恵（303BOOKS）
撮影	：杵嶋宏樹
校正	：鷗来堂
取材協力	：面白法人カヤック
画像提供	：国立印刷局／サイテックアイ／ジェシービー／セブン・カードサービス／造幣局／トイカード／日本図書普及／任天堂／東日本旅客鉄道／PIXTA／飛田信用組合／深谷市

お金の使い方で未来を変えよう！
❸ お金についてくわしく知ろう

2024年3月22日　　第1刷発行

発行所	株式会社童心社
	〒112-0011　東京都文京区千石4-6-6
	電話03-5976-4181（代表）
	03-5976-4402（編集）
印刷	中央精版印刷株式会社
製本	株式会社難波製本